11-

RENETTCHENS APFELBUCH

Görel Kristina Näslund

Illustrationen von
Gunilla Hansson

Aus dem Schwedischen
von Angelika Kutsch

Carlsen Verlag · Reinbek

Inhalt

Dank

an Tove Jansson, Ernst Lomenius und Bertil
Wahlin, die mir mit ihrem Wissen beigestanden
haben.
Und Dank Euch allen anderen, die Ihr mir auf
verschiedene Weise beim Entstehen des Buches
geholfen habt!

Görel Kristina Näslund

Warum Renettchen Renettchen heißt

Am ersten Tag der Sommerferien angelt Renettchen vormittags einen Barsch, und nach dem Mittagessen pflückt sie Mittsommerblumen.

Als sie gegen Abend nach Hause kommt, setzt sie sich auf die Treppe. Renettchen sitzt gern jeden Tag ein Weilchen auf der Treppe und denkt nach.

An diesem Abend denkt sie über ihren Namen nach. Sie kennt tatsächlich niemanden sonst, der so heißt wie sie: Renette.

»Warum habt ihr mich Renette genannt?« fragt sie ihren Papa Jonathan beim Gute-Nacht-Sagen.

»Weil du so ein duftendes Apfelkind warst, als du zur Welt kamst. Du hattest so schöne runde Bakken, und wenn du frisch gebadet warst, hast du so gut geduftet wie eine Apfelblüte. Renette war der hübscheste und passendste Name, der deiner Mama und mir einfiel.«

Dann sagt er noch, daß viele gute Apfelsorten Renette heißen, Sorten mit besonders saftigem und würzigem Fruchtfleisch. »Aber Renettchen klingt natürlich noch hübscher als Renette«, fügt er hinzu.

Und das findet Renettchen auch.

Von Holzäpfeln und alten Bäumen

Wie jedes Jahr machen Renettchen und Jonathan Sommerferien in Trollebo in Südschweden.

»Gibt's hier eigentlich Trolle?« fragt Renettchen.

»Nein, davon hab ich noch nie was gehört. Aber dafür gibt es hier etwas Besonderes«, sagt Jonathan. »Siehst du den großen Baum dort auf der Kuhweide? Er wird Kännestubba-Apfel genannt und ist ganz berühmt.«

Am Stamm des Baums hängt ein Schild, auf dem steht »Naturdenkmal«. Das bedeutet, daß der alte Baum geschützt ist und weder abgehauen noch sonstwie beschädigt werden darf.

»Du müßtest diesen Baum einmal im Frühling sehen, wenn er in einem Schleier von Tausenden rosaroter Apfelblüten dasteht. Dann ist er so schön, daß einem die Tränen kommen«, erzählt Jonathan.

Drei Arten Apfelbäume

Man kann sagen, daß es drei Arten von Apfelbäumen gibt.

Da sind erst einmal alle angebauten, gezüchteten Apfelbäume, die süße, leckere Früchte tragen. Sie werden Kultursorten genannt. *Kultur* bedeutet Zucht.

Dann gibt es verwilderte Kultursorten. Solche Bäume tragen oft kleinere, saurere Äpfel. Diese Bäume sind aus Kernen von gezüchteten Apfelbäumen entstanden. (Siehe Seite 16 und 17.)

Auf lateinisch heißen die echten und die verwilderten Kultursorten *malus domestica*. Domestica bedeutet so viel wie »gehört zum Haus«.

Die dritte Art sind die wilden Apfelbäume, die sogenannten Holzäpfel, die auf lateinisch *malus silvestris* heißen. *Malus* heißt »Apfelbaum«, und *silvestris* heißt »daheim im Wald«. Die Wildapfelbäume tragen kleine saure Äpfel.

Es ist leicht, den Wildapfel von den anderen beiden Sorten zu unterscheiden. Die Blätter der Wildapfelbäume sind an der Unterseite glatt, während die Blätter der Kultursorten an der Unterseite rauh sind. Und ein Wildapfelbaum wird selten besonders groß, meistens nicht über fünf Meter.

Wo wächst der Holzapfel?

Bis hinauf in den hohen Norden kann man süße, gute Äpfel züchten, da einige Apfelsorten viel Kälte vertragen. Der Holzapfel gedeiht nicht im Norden. Den findet man nur weiter südlich. Nördlichste Grenze in Europa ist Värmland und Uppland in Schweden.

Der Holzapfel braucht Licht und wächst zum Beispiel in offenen Wäldern; in dichtem Wald kann er nicht gedeihen. Holzäpfel findet man auch oft auf Weideland. Dort wachsen immer ein paar Bäume und Büsche. Ihre tief greifenden Wurzeln können Nahrung aufsaugen, die das Gras nicht erreicht. Wenn dann die Blätter der Apfelbäume, Espen und Haselnußsträucher im Herbst abfallen und vermodern, wird der Erde Nahrung zugeführt, die allen Pflanzen zugute kommt.

Holzapfel-Mus und Wagenrad-Holz

Früher wurden die Früchte des Holzapfelbaumes häufig genutzt. Carl von Linné erzählt, wie die Bauern Holzäpfel verwendeten: Die Äpfel wurden mit Milch und Wasser zu Mus gekocht oder einfach ausgepreßt. Dieses Getränk nannte man Cider. Mit der Rinde wurde Wolle gelb gefärbt.

Holzäpfel wurden auch gern in Gärten angepflanzt; man kreuzte sie mit anderen guten Apfelsorten, schreibt Linné. Er erwähnt auch, daß der Stamm der Holzapfelbäume ungemein hart ist. Sein Holz eignet sich gut für Mühlenräder. Stellmacher benutzten das Holz gern, wenn sie besonders kräftiges und hartes Holz benötigten.

Noch heute sammeln manche Leute Holzäpfel und machen daraus ein leckeres Gelee oder Wein.

Gebratene Holzäpfel

Leg die Äpfel, so wie sie sind, in eine feuerfeste Form. Stelle diese in die Mitte des Backofens, den du vorher auf 175 Grad erhitzt hast, bis die Äpfel weich und ein bißchen braun geworden sind. Mit Honig oder Sirup beträufeln. Jetzt kannst du sie schon essen.

Der alte Apfelbaum

Der Kännestubba-Apfel wurde 1962 geschützt. Sein Stamm ist alt und rissig. Der Baum ist groß und wirft so viel Schatten, daß sich die Kühe, wenn die Sonne hoch am Himmel steht, gern unter ihm aufhalten. Man glaubt, daß der Baum mindestens 150 Jahre alt ist.

Ist der Kännestubba-Apfel ein richtiger Holzapfel? Jonathan und Renettchen prüften ein Blatt. Es fühlte sich ein bißchen flaumig an der Unterseite an. Was ist es also für ein Apfel? Antwort: ein verwilderter Kulturapfel, der aus dem Kern eines gezüchteten Apfels entstanden ist.

Apfelgeschichten

Wilhelm Tell

In der Schweiz herrschte einmal ein grausamer Mann. Er ließ einen seiner Hüte auf eine Stange hängen und verlangte, daß jeder, der vorbeiging, den Hut grüßen sollte zum Beweis seiner Ergebenheit für den Herrscher.

Wilhelm Tell, ein mutiger Bogenschütze, weigerte sich. Zur Strafe mußte er mit einem Pfeil auf einen Apfel schießen, den man auf den Kopf seines kleinen Sohnes gelegt hatte. Es ging alles gut, denn Wilhelm Tell war ein hervorragender Schütze. Nachdem er den Schuß abgegeben hatte, war noch ein Pfeil in seinem Gürtel.

»Was willst du mit dem Pfeil?« fragte der Herrscher.

»Der hätte dir gegolten, wenn ich meinen Sohn getötet hätte«, antwortete Wilhelm.

Wilhelm wurde sofort ins Gefängnis geworfen, aber er floh, suchte den Herrscher auf und tötete ihn mit seinem letztem Pfeil.

Isaac Newton als Kind

Der Apfel und der Mond

Woolsthorpe heißt ein Dorf in England. Dort
wurde 1642 auf einem Bauernhof Isaac Newton
geboren. Er war sehr gut in der Schule, aber am
liebsten spielte er mit mechanischem Spielzeug.

An einem Herbstabend des Jahres 1666 saß Isaac
unter einem Apfelbaum zu Hause auf dem Hof.
Am Nachthimmel über Woolsthorpe leuchtete der
Mond. Isaac dachte an die Experimente, die er
machen wollte, um die Wahrheit über die Bewe-
gungen der Planeten herauszubekommen.

Da hörte Isaac einen Apfel vom Baum fallen. Das
leise Plumpsen brachte seine Gedanken in Fahrt:
Dieselbe Kraft, die einen Apfel zu Boden fallen ließ,
hielt den Mond am Himmel!

Für gewöhnliche Menschen ist das schwer zu be-
greifen, aber Isaac war seiner Sache sicher. Ausge-
hend vom Apfel, der vom Baum fiel, konnte er die
Gesetze der Schwerkraft erarbeiten, die ihn so berühmt gemacht haben.

Isaac Newton ist einer der größten Wissenschaftler
der Geschichte. Die ganze moderne Astronomie
beruht auf seinem Werk.

Renettchen kauft einen Apfelbaum

»Laß uns gleich zur Baumschule gehen«, sagt Renettchen im Herbst. Sie will einen Apfelbaum kaufen und einpflanzen. Sie wird ihn den ganzen Herbst, Winter und Frühling anschauen und sich auf die duftenden Blüten und die leckeren Früchte freuen.

»Es ist gar nicht sicher, daß ein Apfelbaum im ersten Jahr blüht und Früchte trägt. Das kann mehrere Jahre dauern«, sagt Jonathan.

Das ist keine erfreuliche Nachricht. Aber Renettchen will trotzdem einen Apfelbaum pflanzen. Sie hat noch nie einen eigenen Baum besessen.

In der Baumschule gibt es elf Apfelsorten zur Auswahl. Renettchen kann sich nur schwer entscheiden.

»Vielleicht möchtest du einen Baum mit drei Sorten? Wir nennen so etwas Familienbaum«, sagt der Verkäufer.

»O ja. Ein Familienbaum – das ist gut«, sagt Renettchen.

Wie viele Apfelsorten gibt es?

Alte und neue Züchtungen von Apfelsorten zählen nach Tausenden. Aber viele davon sind »Lokalsorten«, also Äpfel, die nur an einem Ort wachsen. Das hat mit dem Klima, mit dem Boden und der Art der Verwertung zu tun. In Obstplantagen werden zum Beispiel nur Äpfel angepflanzt, die lange haltbar sind. Und die Bäume sind dort so gezüchtet, daß sie klein bleiben. Dann ist die Ernte leichter!

Schau dir einen Apfel mal genauer an

Was unterscheidet die eine Apfelsorte von der anderen? Eine leichte Frage! Die Größe des Apfels und die Form, die Farbe der Schale, der Geschmack und der Duft können sehr unterschiedlich sein. Der eine Apfel ist ganz grün, der andere ist knallrot. Ein Apfel schmeckt süß, während der andere einen säuerlichen, frischen Geschmack hat.

Um den Namen einer Apfelsorte sicher bestimmen zu können, schaut der Pomologe (Fruchtkenner) zuerst auf die äußeren Details wie Stiel, die Stielhöhle, die Blüte mit den kleinen Blättern, die Kelchzipfel genannt werden, eventuelle Knoten und Vertiefungen im Apfel, kleine Punkte an der Schale usw. Dann schneidet der Pomologe den Apfel in der Mitte durch und studiert die Farbe des Fruchtfleisches, das Kerngehäuse, Kernkammern und Kerne und die Kelchhöhle. All das sieht bei jeder Apfelsorte anders aus.

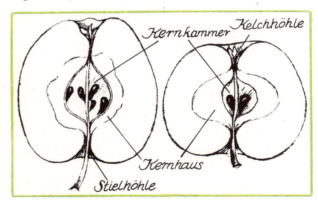

Klarapfel

Klarapfel

Renettchen wählte also einen Familienbaum mit drei Apfelsorten. Ihr Baum trug die Sorten Klarapfel, Jonathan und Cox Pomona.

Der Klarapfel ist ein hellgelber, saftiger, sehr leckerer Apfel, der schon im August reif ist. Er wird Klarapfel genannt, weil sein Fruchtfleisch tatsächlich klar, fast durchsichtig aussehen kann. Das kommt daher, daß beim Reifeprozeß die Zellwände platzen und der Saft im Zwischenraum der Zellen ausläuft. Deshalb müssen Kläräpfel auch gleich nach der Ernte aufgegessen werden – sie halten sich nicht!

Jonathan

Jonathan

Jonathan ist ein ziemlich neuer Apfel. Er hat eine besonders hübsche runde Form und eine ebenso hübsche rote Farbe. Vor allen Dingen ist dieser Apfel wunderbar süß und saftig!

Jonathan erntet man Ende September oder Anfang Oktober. Dann halten sich die Äpfel bis Dezember oder sogar Januar, wenn man sie kühl aufbewahrt, zum Beispiel auf einem kalten Speicher.

Cox Pomona

Cox Pomona

Cox Pomona wird ziemlich groß und hat oben fünf deutlich erkennbare Buckel. Von jedem Buckel zieht sich eine kräftige Rippe über die Frucht. Der Apfel ist grün und mit roten Streifen überhaucht.

Man erntet Cox Pomona Ende September und verwahrt ihn in einer Kiste. Im November ist er ausgereift und schmeckt sehr gut. Man kann ihn bis Januar oder Februar aufbewahren.

Achtung!

Man kann nicht jede Apfelsorte überall anpflanzen. Bestimmte Sorten brauchen mildes Klima. Aber die Sorten, die man auch im Norden anpflanzen kann, schmecken dort sogar besser als im Süden.

Apfelbäume brauchen Pflege

Jetzt steht Renettchens Baum dort, wo er stehen soll. Vater und Tochter haben ihn an einem ausgewählten Platz im Garten eingepflanzt.

»Hier ist es gerade richtig sonnig. Die Sonne sorgt für eine schöne Farbe und Süße und guten Geschmack«, sagt Jonathan.

»Und er ist windgeschützt, so daß nicht die ganze Ernte zu Fallobst wird«, sagt Renettchen. »Jetzt müssen wir nur noch auf die Äpfel warten.«

»Na ja, man muß den Baum erst beschneiden, düngen, unreife Früchte ausdünnen und Ungeziefer fernhalten. Ein Apfelzüchter hat alle Hände voll zu tun«, sagt Jonathan. »Außerdem«, sagt er, »gibt es noch etwas, das steht in keinem Lehrbuch. Man muß mit seinem Apfelbaum reden. Das ist genauso wichtig, wie mit seinen Topfpflanzen zu reden.«

Wichtig: Beschnitt

Renettchens neuem Apfelbaum wurden also erst einmal alle Zweige abgeschnitten.

KNIPS, und dann stand nur noch die Hälfte vom Baum da! Das sah sehr grausam aus, aber so muß man es mit jungen Bäumen machen.

Solange ein Apfelbaum lebt, muß er jedes Jahr beschnitten werden. Sonst wachsen die Zweige, wie sie wollen, und der Baum sieht bald unordentlich aus wie ein Elsternnest. Nein! Ein Apfelbaum muß licht und luftig gehalten werden; damit hält man den Baum jung und erntet viele Früchte.

Ausdünnen, damit die Äpfel größer werden

Anfang Juli fallen unreife Früchte vom Baum; schon vorher muß man ausdünnen, und das bedeutet, daß viele der ganz kleinen grünen Äpfel entfernt werden. Mindestens eine Handbreit Abstand muß zur nächsten unreifen Frucht sein.

Wäre es nicht besser, wenn jeder Baum mehr Früchte tragen dürfte? Nein, denn dann bleiben die Äpfel klein, und du erntest in Kilogramm gerechnet nicht mehr, als wenn er weniger, aber größere Früchte trägt.

Viele und kleine Äpfel haben noch einen Nachteil: Sie enthalten zusammen viele Kerne. Und die vermindern die Kraft des Baumes, neue Blütenknospen zu bilden. Das geschieht bereits im Juli!

Die Erklärung ist einfach: Jeder Kern enthält Hormone, einen Stoff, der die Entwicklung der Blütenknospen steuert. Und viele Hormone sind für den Baum das Signal, im nächsten Jahr wenige Blüten und Früchte zu bilden. Auf diese Weise kann der Baum nur jedes zweite Jahr eine große Ernte tragen, wenn er nicht regelmäßig ausgedünnt wird.

In guter Erde einpflanzen

Apfelbäume brauchen genau wie Menschen eine Reihe von Nährstoffen. Wenn man seinen Baum in nährstoffreiche Erde gepflanzt hat, braucht man ihn während der ersten Jahre nicht zu düngen. Danach sollte man jedes Jahr mit Stallmist düngen. Wenn der Baum nicht alle Nährstoffe bekommt, die er braucht – Stickstoff, Kalium, Kupfer, Eisen, Magnesium und noch einige andere –, wird er schwächlich und krank aussehen. Er bringt keine reiche Ernte und ist anfälliger für Krankheiten und Schädlinge.

Die Made im Apfel ist eine Larve

»Guck mal, da ist ein Wurm im Apfel«, sagen wir. Aber es ist gar kein Wurm! Sondern eine Schmetterlingslarve, die sich durch das Fruchtfleisch zum Kerngehäuse frißt. Der Schmetterling heißt Apfelspinner. Er legt seine Eier auf die Knospen oder auf junge Apfelblätter.

Was kann man dagegen tun? Befallene Äpfel abpflücken. Man erkennt sie an ihren braunen Flekken. Von Larven zerfressene Äpfel fallen vorzeitig vom Baum. Solche Früchte sofort aufsammeln und vernichten. Man muß versuchen, so damit fertig zu werden. Das ist besser, als Gift zu sprühen.

Apfelspinner

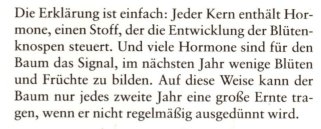

Spuren eines Apfelspinners

13

Veredeln

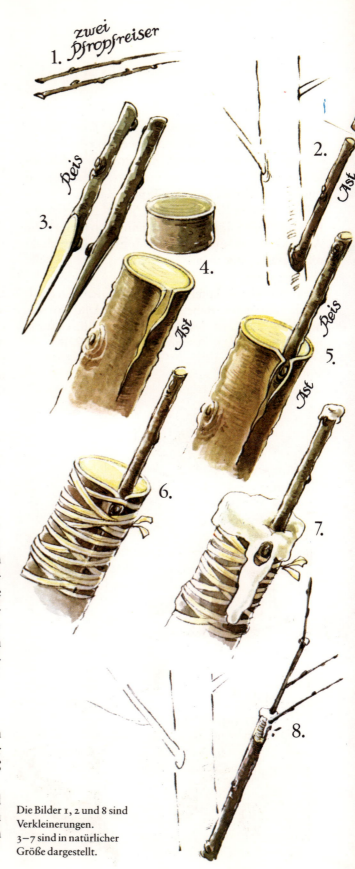

Durch Pfropfen noch mehr Apfelsorten

Pfropfen ist eine Art der Veredelung. Er gibt auch noch das Okulieren und das Kopulieren von Obstbäumen. Renettchens neuer Baum hat durch die Veredelungstechnik seine drei verschiedenen Sorten bekommen!

Wenn der Baum größer wird, kann Renettchen noch mehr Sorten aufpfropfen. Ein großer Apfelbaum kann bis zu zwanzig Sorten tragen!

So wird's gemacht

Vielleicht hast du auch einen Apfelbaum. Dann kannst du mit Hilfe eines Erwachsenen eine oder mehrere Apfelsorten aufpfropfen. Aber man muß sehr genau arbeiten!

Edelreiser zum Pfropfen kann man im Fachhandel für Gartenbedarf kaufen. Aber vielleicht hast du Bekannte, die besonders gute Apfelsorten besitzen und dir ein Pfropfreis schenken.

Die Bilder 1, 2 und 8 sind Verkleinerungen. 3–7 sind in natürlicher Größe dargestellt.

14

1. Die Reiser müssen Jahresschößlinge sein, das heißt Zweige, die im Sommer zuvor gewachsen sind. Man muß sie abschneiden, ehe die Knospen anschwellen, zwischen Dezember und Februar. Die Reiser in einem kalten, feuchten Keller oder im Kühlschrank aufbewahren.

2. Ebenfalls im Winter Äste mit 1 – 2 cm Durchmesser am Apfelbaum aussuchen und bis auf ca. 15 – 20 cm vom Stamm absägen.

3. Im Frühling, wenn der Saft kräftig steigt, kann man das Pfropfen durchführen. Das kann man daran erkennen, wenn die Knospen wachsen und die Rinde sich leicht lösen läßt.

Bitte einen Erwachsenen, mit einem scharfen Messer das untere Ende des Edelreises schräg zu beschneiden. Die Schnittfläche kann 3 – 4 cm lang sein. Nicht mit den Fingern berühren! Sie muß ganz sauber bleiben. Dann nach oben drei Knospen abzählen und den Rest des Reises abschneiden.

4. Eine 1 cm dicke Scheibe von dem Ast absägen, den du im Winter beschnitten hast, so daß du auf frisches Holz stößt. Mach einen 5 cm langen Schnitt in die Rinde und klappe die Rindenteile leicht mit der Messerspitze auf.

5. Schieb den Pfropf so in den Rindenschnitt, daß fast die ganze schräge Schnittfläche verschwindet; ½ cm muß herausragen. Die erste Knospe des Reises (oder das »Auge«, wie man es nennt,) muß aus der Rindenwunde hervorschauen.

6. Das Ganze mit Bast umwickeln. Die erste Bastschlinge muß oberhalb der Knospe liegen. Den Bast so herumwickeln, daß zwischen den Schlingen Rinde zu sehen ist, also nicht zu dicht wickeln. Die Knospe muß hervorschauen.

7. Dann den Schnitt in der Rinde, die Schnittfläche am Zweig und das abgeschnittene obere Ende des Reises mit Baumwachs bedecken. Alle »Wundflächen« müssen mit Wachs geschützt sein, damit sie nicht austrocknen.

8. Wenn alles gut geht, wächst das Reis am Ast an und schlägt neu aus. Im Sommer immer wieder nachprüfen, ob der Bast nicht zu fest sitzt. Wenn er die Rinde zu stark abschnürt, mußt du ihn losbinden und neu wickeln.

Es ist nicht sicher, daß das Pfropfen gleich beim erstenmal gelingt. Wenn man gleichzeitig an mehreren Stellen pfropft, sind die Chancen größer!

Achtung, Hasen!

Ein junger, kleiner Apfelbaum schmeckt besonders gut, finden Hasen. Wenn sie nur ein bißchen an der Rinde knabbern, macht es nichts. Aber oft nagen Hasen den Stamm rundum ab, und dann sieht es böse aus für den Baum. Ohne seine schützende Rinde kann er nicht weiterleben.

Die Hasen knipsen auch gern junge Zweige ab. Auch das schadet dem Baum, denn er braucht die Zweige, die nach der Beschneidung übrig geblieben sind.

Ein kleiner Apfelbaum muß also ordentlich geschützt werden! In Gegenden, wo es heute noch Feldhasen gibt, sollte man einen Schutz aus Drahtgeflecht bauen, das man wie einen Käfig um den Baum herum aufstellt. Der Drahtzaun muß hoch genug sein! In schneereichen Wintern könnten Hasen sonst nämlich trotzdem an die Zweige heranreichen.

Pflanz doch mal einen Apfelkern

Den ganzen Herbst über sammelt Renettchen Apfelkerne. Jedesmal, wenn sie einen Apfel ißt, pult sie die braunen Kerne aus dem Gehäuse heraus und zieht sie auf einen Faden mit anderen Apfelkernen auf. Das soll eine Kette werden, und zu Weihnachten soll sie fertig sein.

»Wenn ich einen Kern übrig behalte, könnte ich ihn im Garten einpflanzen«, sagt Renettchen. »Dann hab ich noch einen Apfelbaum. Das wäre nicht schlecht.«

»Du kannst im Frühling ruhig einen Kern einpflanzen. Vielleicht keimt er ja. Aber rechne lieber nicht damit, daß du auch ernten kannst. Es ist nämlich nicht sicher, ob überhaupt Äpfel an deinem Baum wachsen«, sagt Jonathan.

Mama, Papa, Kind . . .

Renettchen sieht Jonathan kein bißchen ähnlich, aber sie ist ja auch ein Mädchen. Doch auch ein Sohn hätte Jonathan vielleicht nicht ähnlicher gesehen. Das hängt mit den sogenannten Erbanlagen zusammen, mit den Genen: Die Erbanlagen des Vaters werden mit den Erbanlagen der Mutter vermischt, und so wird das Kind anders als Mama und Papa. Es hat ja seine Anlagen von beiden geerbt. Genauso ist es mit den Äpfeln. Die Erbanlagen des

Mutter-Apfels und des Vater-Apfels mischen sich im Kern. Deshalb entstehen aus einem Apfelkern Früchte, die nicht dem Apfel gleichen, aus dem der Kern kommt.

. . . werden eine neue Sorte

Der Gloster-Apfelbaum trägt Früchte, die jedes Jahr gleich aussehen. Man erkennt sie an der länglichen Form. Die Kerne in seinen Äpfeln unterscheiden sich nicht sehr in Aussehen und Form. Sie sind klein, dick und haben eine hübsche Spitze.

Aber die Erbanlagen, die in den Kernen verborgen sind, unterscheiden sich sehr! Die Erbanlagen hän-

Gloster

Goldparmäne

gen vom Blütenstaub ab, den die Bienen den Apfelblüten gebracht haben. (Siehe Seite 20 und 21.)
Vielleicht wurden einige Blüten vom Blütenstaub
eines Goldparmänen-Baumes befruchtet. Die
Frucht, die dann entsteht, hat Erbanlagen vom
Gloster (Mutter-Apfel) und vom Goldparmänen-
Baum (Vater-Apfel). Aus diesen Kernen entsteht
ein Baum, der Früchte einer neuen, dritten Sorte
trägt.

Kern-Glück

Meistens wachsen aus gepflanzten oder zufällig in
den Boden gefallenen Kernen Bäume, die saure
oder geschmacklose Äpfel tragen. Aber es sind
auch viele leckere Apfelsorten aus Kernen entstanden. Der Versuch lohnt sich also. Man muß jedoch
damit rechnen, daß es fünf, zehn oder fünfzehn
Jahre von der Aussaat bis zur ersten Apfelernte
dauert!
Ungefähr 1825 säte ein englischer Brauer mit Namen Cox neun Apfelkerne. Aus einem dieser Kerne
entstand ein Baum, der große schöne Früchte trug.
Die neue Sorte wurde Cox Pomona getauft.
Aus einem anderen der neun Kerne entstand ein
Baum mit kleineren Äpfeln. Diese Sorte nannte der
Brauer Cox Orangen-Renette. Beide Apfelsorten
wurden in ganz Europa bekannt und beliebt.
Der Apfel Ingrid Marie hat seinen Namen von
einer dänischen Lehrerstochter. Der erste Ingrid
Marie-Baum entstand im Himbeerbeet des Schul-
gartens aus einem Kern einer Cox Orangen-Re-
nette (das vermutet man jedenfalls).

Neue Äpfel

Wenn man heute neue Apfelsorten züchten will,
säen die Forscher die Kerne nicht willkürlich aus.
Man kann inzwischen die Blüten eines ausgewählten Baumes mit guten Eigenschaften mit den Pollen
einer anderen guten Apfelsorte befruchten. Das
nennt man Kreuzen.

Cox Pomona

Cox Orangen-Renette

Herbstprinz

Ingrid Marie

Berühmte Äpfel

»Es gibt massenhaft berühmte Äpfel«, erzählt Jonathan.

»Der berühmteste Apfel ist sicher der, den Eva Adam im Paradies gab«, weiß Renettchen.

»Ja. Obwohl es nicht ganz sicher ist, ob es wirklich ein Apfel war«, sagt Jonathan.

»Wieso? Die Schlange hat doch Eva überredet, einen Apfel zu klauen und Adam zu geben?«

»Es könnte auch eine Banane gewesen sein«, sagt Jonathan.

Die Frucht der Erkenntnis

In der Bibel steht nicht, daß es ein Apfel war, den Eva pflückte und Adam gab. Wir erfahren nur, daß es eine verlockende Frucht vom »Baum der Erkenntnis« war und man durch sie gescheit wurde und lernen konnte, was gut und böse ist.

Fast zweitausend Jahre lang haben die Menschen dennoch geglaubt, daß es ein Apfel war, den Adam und Eva aßen, bevor sie das Paradies verlassen mußten!

Das, meinen die Forscher, kommt daher, daß die ersten Christen die Geschichte vom Paradies mit den Geschichten mischten, die sie von den *Gärten der Hesperiden* gehört hatten.

Atalante und die drei goldenen Äpfel

Eine andere griechische Göttersage erzählt von der schönen Atalante, einer Jägerin, die sehr schnell laufen konnte. Ihr Vater hatte erfahren, daß Atalante sterben würde, wenn sie heiratete. Deshalb wurde bestimmt, daß jeder Freier mit Atalante um die Wette laufen mußte. Wenn sie gewann, mußte der Freier sein Leben lassen. Man kann sich vorstellen, daß das viele Freier abschreckte!

Hippomenes wollte nicht aufgeben. Er begriff, daß es einer List bedurfte, wenn er Atalante schlagen wollte. Von der Göttin Aphrodite bekam er drei

Die Gärten der Hesperiden

Die Hesperiden waren Töchter des Riesen Atlas, der das Himmelsgewölbe trug. So erzählen die alten griechischen Göttersagen. Ihre Aufgabe war es, die schönen Gärten zu pflegen, die auf einer Insel weit, weit im Westen lagen. Dort hatte Hera, die Königin der Götter, einen Apfelbaum gepflanzt, den sie von Mutter Erde bekommen hatte, als sie Zeus heiratete. Es war ein besonderer Apfelbaum, dessen goldene Früchte ewige Jugend spendeten. Viele wollten einen solchen Apfel haben. Darum wurden die Gärten der Hesperiden von dem schrecklichen Drachen Ladon bewacht, der niemals schlief.

goldene Äpfel aus den Gärten der Hesperiden. Dann meldete er sich zum Wettlauf mit Atalante. Während sie liefen, warf Hippomenes einen goldenen Apfel nach dem anderen fort. Jedesmal blieb Atalante stehen, um den Apfel aufzuheben. Und es kam, wie es kommen mußte – Hippomenes gewann, und Atalante wurde seine Frau.

Aber man soll sich immer bedanken, wenn jemand einem geholfen hat. Das vergaß Hippomenes. Zur Strafe verwandelte die Göttin Aphrodite Hippomenes und Atalante in Löwen.

Apfelblüten und Bienen

»Weißt du, was ich immer noch nicht verstehe?«
sagt Renettchen eines Tages im Mai, als die rosa-
weißen Apfelblüten überall aufgeblüht sind. »Wie
werden diese Blüten in Äpfel verwandelt? Und
wird aus jeder Blüte ein Apfel? Dann kriegen wir
diesen Herbst aber viele Äpfel!«
»Siehst du die Bienen, die in den Blüten summen?
Sie sorgen dafür, daß Äpfel aus den Blüten werden«, sagt Jonathan.
Und dann erzählt er, wie die Apfelblüte zur Frucht
wird.

Verwandt mit Rosen und Walderdbeeren

Der Apfelbaum gehört zu einer großen Familie, die
rosaceae genannt wird (Rosáse ausgesprochen).
Das sind die Rosengewächse, und dazu gehören
nicht nur die Rosen, sondern auch Pflanzen wie
Erdbeeren, Brombeeren, Himbeeren, Birnen, Kir-
schen, Vogelbeeren und Hagebutten.
Der Apfelbaum und die Hagebutte sind Kusinen,
könnte man sagen. Wenn du dir die Blüten genau
anschaust, siehst du die Ähnlichkeit. Beide haben
fünf Blütenblätter, und die Blüten werden in beiden
Fällen in Früchte verwandelt, die gut schmecken.

Walderdbeere

Himbeere

Hagebutte

Rosa und Weiß

Ein Birnbaum hat weiße Blütenknospen und weiße
Blüten; ein Apfelbaum ist an seinen rosafarbenen
Blütenknospen zu erkennen. Die offenen Blüten
dagegen sind weiß. Wie kommt das?
Die Blütenblätter sind nur außen rosa. Die Knospe
zeigt die Außenseite der Blüte, dann öffnet sie sich,
und die Blüten leuchten weiß vor dem Grün der
Blätter. In der Mitte der Blüte sieht man einen Kreis
sahnegelber Staubbeutel auf dünnen Staubfäden.
Jeder Staubbeutel enthält mehrere tausend Pollen.
Wir sagen auch Blütenstaub dazu.
Ganz in der Mitte stehen fünf hellgrüne kleine
Bällchen auf schmalen Stengeln. Das sind die Blü-
tenstempel.

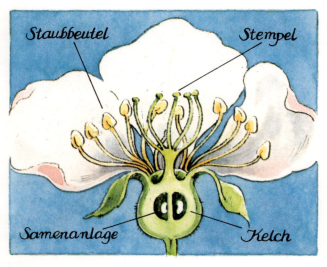

Staubbeutel

Stempel

Samenanlage

Kelch

Die Bienen haben viel zu tun

Wenn die Apfelbäume blühen, haben die Bienen viel zu tun. Die *Nektarbienen* holen Nektar von den Blüten; daraus machen sie Honig. Die *Pollenbienen* holen natürlich Pollen. Sie nehmen den Blütenstaub mit dem vorderen Beinpaar auf und transportieren ihn dann zu den Hinterbeinen. Dort sammeln sie die Pollen in großen Klumpen. Wenn diese »Pollenhosen« so schwer sind, daß die Biene sie gerade noch tragen kann, fliegt sie nach Hause zum Bienenkorb. Dort werden die Pollen als Futter für die Bienenlarven und die zu Hause gebliebenen Bienen gebraucht.

An einem sonnigen und windstillen Tag während der Apfelblüte summt es ständig im Apfelbaum, vom Morgen bis zum Abend.

Jedesmal, wenn eine Biene Pollen oder Nektar holt, bleibt ein bißchen Blütenstaub an ihrem Körper haften. Wenn die Biene dann zum nächsten Baum fliegt und in ein neues Meer von Apfelblüten taucht, geschieht das, worauf es ankommt: Ein paar der schon gesammelten Pollen bleiben am Stempel, diesem hellgrünen Bällchen, haften.

Die Blüte wird zur Frucht

Eine Apfelblüte muß Pollen von einem anderen Apfelbaum bekommen, von einer anderen Sorte, damit ein Apfel entstehen kann. Wenn die fremden Pollen auf dem Stempel abgestreift werden, ist die Blüte befruchtet. Dann kann die Samenanlage in der Blüte anfangen zu wachsen und Apfelkerne zu bilden. Die Apfelkerne sind nämlich die Frucht! Und der Apfel? Er ist eine sogenannte Scheinfrucht und wird vom Blütenboden gebildet. Seine Aufgabe ist es, die Apfelkerne während der Reifezeit zu schützen. Später soll er helfen, die Kerne zu verbreiten. Das saftige und leckere Apfelfleisch essen Menschen und Tiere gern. Durch die Verdauungs-Ausscheidung haben die Kerne dann die Chance, wieder in den Boden zu gelangen.

Wieviele Äpfel wachsen auf einem Baum?

Die Bienen haben also die ganze Verantwortung für die Befruchtung unserer Apfelbäume. Doch andere Insekten, die das eine oder andere bei den Apfelblüten zu besorgen haben, tragen auch dazu bei. Dazu gehören Hummeln, Fliegen und Käfer. Nicht aus jeder Blüte entsteht ein Apfel. Manche Blüten werden nicht befruchtet, andere werden von Insekten zerstört, andere von Frost oder Wind.

Feiern mit Apfelkuchen

»Ist dir schon mal aufgefallen«, sagt Jonathan, »daß man sich manchmal so nach etwas sehnt, daß man an nichts anderes mehr denken kann?«

»Ja, das kenn ich. Wonach sehnst du dich?« fragt Renettchen.

»Nach Apfel-Pie! Nach einem warmen, zimtduftenden und knusprigen Apfel-Pie! Mit sahniger Vanillesoße, die die Streusel aufnimmt und sich mit dem Apfelgeschmack so lieblich verbindet…«

»Wir machen sofort einen Apfel-Pie«, sagt Renettchen. »Und dann feiern wir eine Pie-Party!«

Die Idee, Pie zu backen, kommt aus England. Die Engländer sprechen es *pei* aus.

Es gibt Leute, die glauben, daß der Pie seinen Namen von der Elster hat. Sie heißt *magpie* (auf englisch mägpei).

In einem Pie können viele Zutaten versammelt sein; und deswegen erinnert er an ein Elsternnest, in dem ja auch oft viele Sachen herumliegen, die die Elster gesammelt hat.

Streusel-Pie   4 Portionen

6 Äpfel
1 Teelöffel Zimt
1 dl brauner oder weißer Zucker
1 dl Weizenmehl, 1 dl Grahammehl
75 g kalte Butter

1. Den Backofen auf 175 Grad einstellen.
2. Die Äpfel schälen und in Scheiben schneiden. Kerngehäuse entfernen. Die Scheiben in eine runde Backform legen, die nicht eingefettet werden muß. Zimt darüber streuen.
3. Zucker, Mehl und Butter in eine große Schüssel schütten.
4. Die Butter mit den Fingerspitzen zerbröseln und leicht mit Zucker und Mehl mischen, so daß eine krümelige Masse entsteht. Diese Streusel über die Äpfel streuen.
5. Auf der zweiten Schiene von unten im Backofen ca. 25 Minuten backen; jedenfalls so lange, bis die Streusel eine schöne Farbe bekommen haben und die Äpfel weich sind.
6. Mit Schlagsahne, Vanillesoße oder Vanilleeis servieren.

Omas Apfel-Pie   4 Portionen

2 Platten tiefgekühlter Blätterteig
6 säuerliche Äpfel
3 Eßlöffel Zucker
2 Eßlöffel Rosinen
1 Teelöffel Zimt

1. Die Blätterteigplatten 15 Minuten lang auftauen.
2. Die Äpfel schälen und in dünne Scheiben schneiden. Das Kerngehäuse wegschneiden.
3. Die Apfelscheiben in eine viereckige Form legen, die nicht eingefettet zu werden braucht. Zucker,

Rosinen und Zimt darüberstreuen. (Wenn du keine viereckige Form hast, nimm eine runde Form mit einem Durchmesser von ca. 20 cm.)
4. Die Teigplatten an den Kanten übereinander legen (siehe Bild). An der »Nahtstelle« leicht ausrollen, so daß sich die beiden Platten miteinander verbinden. (Bei einer runden Form den Teig so zurechtschneiden, daß er hinein paßt.)
5. Die Teigdeckel über die Äpfel breiten, 15 Minuten ruhen lassen (sonst schrumpft der Deckel im Backofen).
6. Auf der zweiten Schiene von unten bei 175 Grad ca. 30 Minuten backen, oder so lange, bis der Deckel Farbe annimmt. Mit Schlagsahne oder Vanillesoße servieren.

Apfelkuchen mal drei

»Wollen wir es uns heute richtig schön machen?« fragt Jonathan beim Frühstück und sieht Renettchen über seine Teetasse an.

»Ja, prima, das machen wir.«

Gemütliche Tage hat Renettchen sehr gern, denn dann bäckt Jonathan. Zuerst bäckt er Brot, und dann bäckt er etwas richtig Leckeres. Renettchen darf immer dabei sein, und wenn sie mit der Backerei fertig sind, machen die beiden sich einen Festtag.

»Was wollen wir backen?« fragt Renettchen.

»Wie wär's mit einem Apfelkuchen?«

Renettchen hat es ja gleich gewußt!

Großer Apfelkuchen   16 Stücke

Paniermehl
4 Eier
2 dl Zucker
1 Eßlöffel Vanillezucker
200 g zerlassene Butter
5 dl Weizenmehl
2 Teelöffel Backpulver
8 Äpfel
½ dl Zucker
1 Teelöffel Zimt

1. Den Backofen auf 175 Grad einstellen. Ein großes Backblech einfetten, mit Paniermehl bestreuen.
2. Die Eier mit einer Gabel in einer großen Schüssel leicht schlagen.
3. Zucker und Vanillezucker hineinrühren, danach noch die Butter.
4. Mehl und Backpulver in einer Schüssel mischen, dann in die Eier-Zucker-Masse rühren. Wenn sich kleine Klumpen bilden, ist das nicht schlimm.
5. Den Teig auf das Blech gießen und verteilen.
6. Jeden Apfel in sechs Teile schneiden. Das Kerngehäuse entfernen. Die Apfelscheiben in vier geraden Reihen der Länge nach aufs Blech legen.
7. Zucker und Zimt in einer Tasse mischen. Dann über die Äpfel streuen.
8. Den Kuchen in der Mitte des Backofens ca. 30 Minuten backen. Mit einem Zahnstocher zwischen die Äpfel stechen. Wenn kein Teig kleben bleibt, ist der Kuchen fertig.

9. Das Blech zum Abkühlen auf einen Rost stellen. Den Kuchen in Vierecke schneiden und servieren. Es wird ein großer Kuchen, der für ein Fest reicht! Wenn du willst, kannst du die Äpfel natürlich schälen, aber nötig ist es nicht.

Was für einen Apfelkuchen aßen die Leute früher, wenn sie ein Fest feierten? Vielleicht war es Apfelmuskuchen mit Zwiebackkrümeln; das ist ein altes schwedisches Rezept.

Apfelkuchen aus Limoges

4 Portionen

75 g Butter
2 dl Weizenmehl
2 dl Milch
Paniermehl
4 Äpfel
½ dl Rosinen
½ dl gehackte Mandeln
1 Eßlöffel Zucker (wenn man unbedingt will)

1. Den Backofen auf 200 Grad einstellen.
2. Die Butter in einer Bratpfanne zerlassen.
3. Mehl und Milch in einer großen Schüssel mischen, dann die ausgelassene Butter hineinrühren.
4. Paniermehl in die Bratpfanne streuen.
5. Den Teig darüber gießen.
6. Jeden Apfel in Viertel schneiden. Das Kerngehäuse entfernen. Dann jedes Apfelviertel in der Mitte noch einmal durchschneiden.
7. Die Apfelstücke über den Teig breiten, mit Rosinen, Mandeln und Zucker bestreuen.
8. In der Mitte des Backofens ca. 35 Minuten backen. In Tortenstücke schneiden und warm servieren.

Apfelmuskuchen   4 Portionen

50 g Butter
3 dl zerstoßener Zwieback
4 dl Apfelmus

1. Die Butter in der Bratpfanne zerlassen. Sie darf nur ein bißchen braun werden. Die Zwiebackbrösel hineinrühren.
2. Alles umrühren, bis die Zwiebackbrösel richtig heiß und braun sind. Nach etwa drei Minuten die Pfanne von der Herdplatte nehmen.
3. Ein Drittel der Zwiebackbrösel auf dem Boden einer runden Form verteilen.
4. Die Hälfte vom Apfelmus darüber ausbreiten und mit dem zweiten Drittel der Brösel bedecken.
5. Darüber den Rest vom Apfelmus geben und mit dem Rest der Brösel bestreuen.
6. Einige Stunden in der Küche stehen lassen. Puderzucker darüber sieben. Mit Schlagsahne oder Vanilleeis servieren.

Hier ist ein französischer Apfelkuchen, für Leute, die nicht viel Zucker essen. Sehr lecker und unglaublich leicht zu machen. Limoges (wird *limosche* ausgesprochen) ist eine Stadt in Frankreich.

Die Äpfel der Idun

Idun hieß eine nordische Göttin. Sie war wichtig
für die Götter und Göttinnen in Asgard, denn sie
verwahrte eine Schale mit goldenen Äpfeln, die
dafür sorgten, daß die Asen ewig jung blieben.
Eines Tages traf Loke einen Riesenvogel, der mit
ihm davonflog. Das war der Riese Tjatse, der sich
in einen Adler verwandelt hatte. Tjatse wollte Loke
nur unter einer Bedingung freilassen: wenn er ihm
half, Idun und ihre Äpfel zu bekommen.
Loke war unglücklich. Aber er hatte keine andere
Wahl. Er versprach, Tjatse zu helfen, und lockte
Idun eines Abends vor die Mauern von Asgard.

Und schon war Tjatse in seinem Adlergewand zur
Stelle und packte Idun mit seinen Krallen. Er flog
mit der Göttin und ihren Äpfeln zum Wohnsitz der
Riesen, Jotunheim.
Das war ein großes Unglück für Asgard! Die schönen goldhaarigen Götter und Göttinnen wurden
runzlig und grau, ihre Rücken wurden krumm und
ihre Beine schwach. Ohne Iduns verzauberte Äpfel
fielen ihnen Haare und Zähne aus. Unglücklich
und kraftlos schlurften sie auf Asgard herum. Sie
hatten nur einen Wunsch: daß Idun mit ihren Äpfeln der Jugend zurückkehrte.

Das tat sie zum Glück auch. Die Göttin Freia lieh Loke ihr magisches Federgewand, so daß er als Habicht verkleidet nach Jotunheim fliegen konnte.

Als Loke ankam, war Tjatse zum Glück fischen gegangen. Idun wankte allein innerhalb der Burgmauern auf und ab. Loke landete nah bei ihr auf der Mauerbrüstung.

»Ich bin es, Loke«, flüsterte er. »Ich werde dich und deine Äpfel in eine Nuß verwandeln und nach Asgard zurückbringen.«

Gesagt, getan. Idun und die Äpfel wurden in eine Nuß verzaubert, die Loke in den Schnabel nahm. Mit ihr flog er, so schnell er konnte, nach Hause.

Bald war Tjatse im Adlergewand dicht hinter ihm. Aber Loke gelang es, als erster in Asgard anzukommen. Er ließ die Nuß fallen, und schon verwandelte sie sich in Idun. Sie verteilte sogleich ihre Verjüngungsäpfel. Odin, Thor, Freia und die anderen Götter und Göttinnen nahmen sie dankbar entgegen. Rasch aßen sie die Äpfel auf, und schwupps, waren sie wieder jung!

Granny, die Apfelfrau

»Du weißt ja, daß ich mal in Amerika gewohnt hab«, sagt Jonathan.
Klar weiß Renettchen das. Jonathans Erlebnisse in diesem weiten Land hat sie schon viele Male gehört.
»In Amerika habe ich auch gelernt, wie man Apfelpuppen macht. Wollen wir es mal ausprobieren?«
Das will Renettchen nur zu gern.
»Wir machen eine Apfelfrau, und die soll Granny heißen«, sagt sie.

Das braucht man für die Apfelpuppe

1 großen Apfel
2 Gewürznelken
1 kleinen Apfel
kräftigen Stahldraht
ca. 80 cm breite Stoffstreifen
rosa und schwarzen Stoff für Puppenkleider

So macht man den Kopf

Den großen Apfel schälen und den Stiel herausdrehen. Auf einer Seite des Apfels ein Gesicht ausschneiden: zuerst die Nase, dann die Augenhöhlen. Darüber je eine Kerbe für die Augenbrauen einritzen.
Eine tiefe Kerbe für den Mund machen. Du kannst die Mundwinkel nach oben oder nach unten zeigen lassen. Es kommt darauf an, ob du eine fröhliche oder eine miesepetrige Puppe haben willst.
Das Kinn und die Backen formen. Runde Kerben auf die Stirn und um Mund und Augen schneiden. Das werden Runzeln, wenn der Apfel trocknet.
Zwei Gewürznelken in die Augenhöhlen stecken. Dann legst du den Apfel auf einen Rost und läßt ihn mindestens einen Monat trocknen. Besonders geeignet ist ein Platz über dem Kühlschrank, der Heizung oder dem Heizofen.
Während des Trocknens schrumpft der Apfel um ein Drittel zusammen, gleichzeitig wird der Apfelkopf braun und hart. Nase, Augen und Mund treten deutlich aus dem Apfelgesicht hervor.

Den kleinen Apfel schälen. Zwei Fäuste ohne Daumen darausschneiden und zum Trocknen neben den Kopf legen. Das werden die Hände der Puppe. Sie trocknen in wenigen Wochen.

Wenn der Apfelkopf trocken ist, kann man die Wangen mit roter Kreide anmalen und Augenbrauen und Mund mit einem schwarzen Stift nachziehen.

Wenn man eine Puppe mit heller Haut haben will, muß man den Apfel mit Zitronensaft einpinseln, bevor man ihn zum Trocknen wegstellt.

So macht man den Körper

Der Körper der Puppe wird aus Stahldraht geformt, den man mit Stoffstreifen umwickelt.

Den Stahldraht nimmt man doppelt (ca. 2 cm werden in den Kopf der Puppe gesteckt), windet ihn ein paarmal (das wird der Nacken), biegt Schultern und Arme, windet den Draht, weitet ihn zum Brustkorb und windet ihn erneut (zur Taille) und formt die Beine. Schließlich dreht man die Enden des doppelten Stahldrahts um die Körpermitte.

Ein Loch in den Apfelkopf bohren, den Stahldraht hineinstecken und mit Klebstoff festkleben; die Hände auf dieselbe Weise festkleben.

Den Körper mit rosafarbenem Stoffetzen umwickeln, die Beine mit schwarzen. Das sind die Strümpfe! Wenn die Puppe runder werden soll, kann man ein bißchen Schaumstoff um den Stahldrahtkörper legen, bevor man ihn mit Stoff umwickelt.

Kleider für Granny

Die Puppe bekommt Haare aus Wollresten oder Watte auf den Kopf geklebt. Nun braucht sie noch Kleider. Die Haube ist einfach: Schneide ein rundes Stück Stoff (ca. 8 cm Durchmesser) quer durch und kräusle den Stoff ein Stück unterhalb der Kante. Den Faden zusammenziehen – und schon hast du eine Kräuselhaube. Dann kriegt die Puppe noch eine Bluse, einen langen Rock und ein Umschlagtuch mit Fransen (laß dir von einem Erwachsenen helfen) – und fertig ist die Apfelfrau Granny oder, mit anderen Kleidern, jede gewünschte Art von Puppe.

Wie lange hält eine Apfelpuppe? Wenn du vorsichtig damit umgehst, hält sie viele Jahre. Es gibt Apfelpuppen, die sind über fünfzig Jahre alt. Aber verwahr die Puppe nicht an einem feuchten Platz! Dort könnte sie schimmeln.

Apfelwetter

»Ich möchte wissen, wie das Wetter heute wird«, sagt Renettchen.

»Wie sieht der Himmel aus?« fragt Jonathan.

»Er ist voller weißer Wolken, aber ich seh ein blaues Loch.«

»Wie groß ist das blaue Loch? Ist es groß genug, daß man ein Hemd daraus nähen könnte?«

Renettchen betrachtet das Blau genau und versucht, es mit den Augen abzumessen. »Ich glaub, es reicht für ein Hemd«, sagt sie.

»Prima. Dann kommt die Sonne sicher noch, und wir kriegen einen schönen Tag zum Äpfelpflükken«, sagt Jonathan.

Sie holen Körbe und Eimer, und dann fahren sie mit den Fahrrädern los. Bei den Ruinen eines alten Hauses stehen zwei große Apfelbäume. Das ist ihr heimlicher Garten. Jonathan und Renettchen kümmern sich das ganze Jahr um die Bäume, und da niemand sonst die Früchte erntet, tun sie es. Renettchens Baum trägt ja noch keine Früchte!

Rosenwange

Einer dieser Bäume auf dem wilden Grundstück trug die hübschesten Äpfel, die Renettchen je gesehen hatte. Sie waren fast weiß, groß und spitz, und auf einer Seite hatten sie eine rote Backe.

Wie mochten diese Äpfel heißen? Renettchen zeigte sie ihrem Onkel Ernst, der alle Apfelsorten kannte. Jeden Herbst kamen die Leute zu ihm und fragten ihn wegen ihrer Äpfel.

»Dieser Apfel ist namenlos. Vielleicht ist er wild aus einem Kern entstanden. Oder es ist eine alte Sorte, und der Name ist seit langem vergessen. Du mußt ihm selbst einen Namen geben«, sagte Onkel Ernst zu Renettchen.

»Dann nenne ich ihn Rosenwange«, sagte Renettchen.

Apfelklauhosen

Onkel Ernst war eigentlich Jonathans Onkel. Er hatte der Familie vorgeschlagen, ihrem Sohn den Namen seines eigenen Lieblingsapfels zu geben: Jonathan.

Renettchen hatte von ihrem Onkel Ernst eine Sparbüchse bekommen, die geformt war wie ein Apfel.

»Als ich klein war, hatten alle Kinder so einen Sparapfel, und alle Jungen trugen Golfhosen. Sie wurden Apfelklauhosen genannt. Das war ein sehr nützliches Kleidungsstück«, erzählte Onkel Ernst.

Warum ist die unreife Frucht so sauer?

Wer schon mal unreife Äpfel geklaut hat, der weiß, wie sauer sie schmecken. Wie kommt es, daß der reife Apfel dagegen so gut schmeckt?

Wenn ein Apfel reift, passieren mehrere Dinge:
- der Apfel wird dick und das Fleisch lockerer
- die Farbe der Schale verändert sich vom unreifen Grün zum reifen Gelb oder Rot
- Bitterstoffe und Säuren nehmen ab
- das Aroma nimmt zu
- die Stärke im Apfelfleisch verwandelt sich in Zucker.

Wenn wir in einen reifen, saftigen Apfel beißen, genießen wir das herrliche Aroma und schmecken Zucker und köstliche Fruchtsäure.

Gesund durch Äpfel

Ein Apfel am Tag spart den Arzt, heißt es. Kann man sich wirklich gesund halten mit Hilfe von Äpfeln? Natürlich!

Äpfel sind ein sehr gesunder Ersatz für Süßigkeiten. Sie enthalten Zucker, der uns Energie gibt. (Der aber auch die Zähne angreift. Deshalb sollte man nicht wahllos viele Äpfel essen.)

Äpfel enthalten Ballaststoffe, die unsere Verdauung unterstützen.

Außerdem enthält das Fruchtfleisch wichtige Mineralien, wie zum Beispiel Eisen und Phosphor.

Gute, ungespritzte Äpfel sollte man möglichst mit Schale essen. Dicht unter der Schale sitzt nämlich das meiste Vitamin C.

Wie fast alle Früchte bestehen Äpfel zum größten Teil aus Wasser.

Äpfel klauen

Fast jeder hat einmal in seinem Leben Äpfel geklaut. Reife Äpfel am Baum sehen einfach zu verlockend aus. Und außerdem gibt es ja Leute, die haben so viele Apfelbäume in ihrem Garten, daß sie niemals alle Früchte allein aufessen können...

Aber natürlich darf man keine Äpfel klauen! Schon im vierzehnten Jahrhundert stand auf Apfeldiebstahl strenge Strafe. Wenn du aber trotzdem den einen oder anderen Apfel klaust, achte darauf, daß du den Baum nicht beschädigst. Und denk immer dran, daß jede Frucht am Baum dem Besitzer gehört. Aber das Fallobst, das außerhalb der Grundstücksgrenze liegt, darfst du aufheben.

Man sieht häufig verlassene Grundstücke, auf denen Apfelbäume stehen. Ist es Klauen, wenn man diese Äpfel pflückt? Wenn du sicher gehen willst, versuch herauszukriegen, wem das Grundstück gehört, und frag, ob du die Äpfel pflücken darfst.

In einem Apfel sind unter anderem enthalten: Zucker, Ballaststoffe, Mineralien und Vitamin C. Ein Apfel besteht zu 85 Prozent aus Wasser.

Apfelpoesie

Einkehr

Bei einem Wirte, wundermild,
Da war ich jüngst zu Gaste;
Ein goldner Apfel war sein Schild
An einem langen Aste.

Es war der gute Apfelbaum,
Bei dem ich eingekehret,
Mit süßer Kost und frischem Schaum
Hat er mich wohl genähret.

Es kamen in sein grünes Haus
Viel leicht beschwingte Gäste;
Sie sprangen frei und hielten Schmaus
Und sangen auf das beste.

Ich fand ein Bett zu süßer Ruh
Auf weichen grünen Matten;
Der Wirt, er deckte selbst mich zu
Mit seinem kühlen Schatten.

Nun fragt ich nach der Schuldigkeit,
Da schüttelt er den Wipfel.
Gesegnet sei er allezeit
Von der Wurzel bis zum Gipfel.

Ludwig Uhland

In den Äpfeln

Ich kam zu einem Apfelbaum,
In dessen grünen Ästen
Ein krummer Zwerg den frischen Schaum
Der Äpfel sog, der besten.

Um einen Apfel bat ich ihn,
Da fing er an zu rütteln
Und toll und wild und her und hin
So Frucht wie Laub zu schütteln.

Ich aß wie ein begierger Mann
Und ließ es mich gelüsten,
Nicht achtend, wie der Zwerg begann,
Die Krone zu verwüsten.

Gottfried Keller

32

In einem kleinen Apfel
Da sieht es lustig aus:
Es sind darin fünf Stübchen
Grad wie in einem Haus.

In jedem Stübchen wohnen
Zwei Kernchen schwarz und fein,
Die liegen drin und träumen
Vom lieben Sonnenschein.

Sie träumen auch noch weiter
Gar einen schönen Traum,
Wie sie einst werden hängen
Am lieben Weihnachtsbaum

Volkslied

August (Inserat)

Die verehrlichen Jungen, welche heuer
Meine Äpfel und Birnen zu stehlen gedenken,
Ersuche ich höflichst, bei diesem Vergnügen
Womöglich insoweit sich zu beschränken,
Daß sie daneben auf den Beeten
Mir die Wurzeln und Erbsen nicht zertreten.

Theodor Storm

Rote Weihnachtsäpfel

Renettchen blättert in der Morgenzeitung. Sie entdeckt ein Bild von einem Eßtisch in einem Restaurant, der weihnachtlich gedeckt ist. Mitten auf dem Tisch thront ein Schweinekopf. Er ist weiß und grün verziert, und in seinem Maul steckt ein roter Apfel!

»Warum hat das Schwein einen Apfel im Maul?« fragt Renettchen.

»Wahrscheinlich nur, damit es schön aussieht«, sagt Jonathan. »Aber der Apfel ist schon immer ein beliebter Weihnachtsschmuck gewesen. Früher waren Äpfel auch die einzige Weihnachtsleckerei, die man hatte. Weihnachtsäpfel sollten möglichst hübsch rot sein.«

Der Traum

Ich lag und schlief, da träumte mir
Ein wunderschöner Traum:
Es stand auf unserm Tisch vor mir
Ein hoher Weihnachtsbaum.

Und bunte Lichter ohne Zahl,
Die brannten rings umher,
Die Zweige waren allzumal
Von goldnen Äpfeln schwer.

Und als ich nach dem Baume sah
Und ganz verwundert stand,
Nach einem Apfel griff ich da,
Und alles, alles schwand.

Da wacht ich auf aus meinem Traum,
Und dunkel war's um mich.
Du lieber, schöner Weihnachtsbaum,
Sag an, wo find' ich dich?

Da war es just, als rief' er mir:
»Du darfst nur artig sein,
Dann steh ich wiederum vor dir –
Jetzt aber schlaf nur ein!

Und wenn du folgst und artig bist,
Dann ist erfüllt dein Traum,
Dann bringet dir der Heilge Christ
Den schönsten Weihnachtsbaum.«

August Heinrich Hoffmann von Fallersleben

So wurde der Tannenbaum früher geschmückt

Die Beschreibung, wie man einen Tannenbaum Anfang des Jahrhunderts schmückte, ist einem Lesebuch von 1913 entnommen. Renettchen hat es von ihrem Großvater bekommen und stöbert gerne darin herum.

Und Karin und Greta beeilten sich, an den Tannenbaum rote Äpfel zu hängen, die Mutter auf dem Speicher verwahrt hatte, die Pfefferkuchentiere, die sie selbst gebacken, und Sterne, die sie aus Goldpapier geschnitten hatten, sowie gekaufte Bonbons. Aber die hatten sie selbst in buntes Seidenpapier gewickelt, in das sie lange Fransen geschnitten hatten. Dann steckten sie Kerzen in die Kerzenhalter und befestigten sie am Tannenbaum.

Dann und wann kamen Sven und Olle und wollten zugucken. Aber die Mädchen scheuchten sie immer wieder hinaus. »Ihr dürft den Baum nicht sehen, ehe er fertig ist«, sagten sie.

Als die Mädchen den Baum geschmückt hatten, kam Mutter Anna, um die Geschenke bereitzulegen. Dabei wollte sie immer allein sein, und jetzt mußten die Mädchen hinausgehen.

muß man die Bonbonprobe machen: Wenn das Gemisch gelblich und dickflüssig ist, einen Teelöffel voll in eine Tasse mit kaltem Wasser tun. Wenn die Masse noch weich und formbar ist, muß sie ein bißchen länger kochen.

ACHTUNG! Die kochende Masse nicht umrühren. Sonst zuckert sie schnell!

3. Jetzt die Äpfel nacheinander in die heiße Flüssigkeit tauchen und zum Abkühlen auf ein geöltes Blech legen.

Äpfel am Stiel

8 kleine rote Äpfel
8 Stöckchen (von Lollies)
4 dl Zucker
1½ dl Wasser
1 Spritzer Essiggeist

1. Die Stiele aus den Äpfeln drehen und in jeden Apfel ein Stöckchen stecken.

2. In einer Kasserolle mit hohen Wänden Zucker, Wasser und Essiggeist mischen und ohne Deckel auf 160 Grad erhitzen.
Wer hat, kann ein Karamellthermometer benutzen, um die Temperatur zu kontrollieren. Sonst

Die einzigen Weihnachtsgeschenke: Äpfel und Brot

Lange bevor es üblich war, sich etwas zu Weihnachten zu schenken, pflegte man einander Brot als Weihnachtsgabe zu schenken. Heiligabend fand jedes Haushaltsmitglied an seinem Platz am Eßtisch ein Häufchen Brot. Das war das sogenannte »Weihnachtshäufchen«. Das bestand zum Beispiel aus Roggenbrot, einem Weizenbrötchen, einem Pfefferkuchen und vielleicht aus einem weiteren Brotlaib.

Zuoberst auf das »Weihnachtshäufchen« pflegte man einen besonders hübschen Apfel zu legen.

Ein Kinderfest: Tannenbaumplündern

»*Wollen wir vor dem Spielen oder hinterher essen?*« *fragt Renettchen ihre Gäste, die zum Plündern des Tannenbaumes gekommen sind.*
»*Vorher* und *nachher*«, *schlägt Albin vor.*
Und so machen sie es. Zuerst essen sie Salate. Renettchen hat Schüsseln mit Mais, Tomatenvierteln, geriebenen Mohrrüben, Salatblättern, grünen Paprikaringen und Käsewürfeln, gemischt mit Ananasstücken, auf den Tisch gestellt. In anderen Schüsseln sind verschiedene Salatsoßen. Das sieht sehr hübsch und einladend aus. Und es schmeckt! Nachdem sie gegessen haben, spielen die Kinder und plündern den Tannenbaum. Das Fest endet mit gebratenen Äpfeln und Eis.
»*Das war wirklich Klasse*«, *sagt Albin seufzend.*

Bratäpfel mit Marzipanfüllung   10 Portionen

10 Äpfel
200 g Marzipan-Rohmasse
2 Eßlöffel Butter

1. Den Backofen auf 200 Grad einstellen.
2. Mit einem Ausstecher die Kerngehäuse aus den Äpfeln entfernen. (Ein bißchen bleibt immer zurück. Damit muß man sich abfinden.)
3. Die Marzipanmasse zu 10 kleinen Röllchen formen. In jeden Apfel ein Marzipanröllchen stecken.
4. Die Butter in einzelnen Klacksen auf einem Blech oder in einer großen Form verteilen. Die Äpfel daraufstellen.
5. Blech oder Form in die Mitte vom Backofen schieben und die Äpfel 25 Minuten braten lassen – oder bis sie weich sind. Mit einem Zahnstocher prüfen! Wie lange es dauert, hängt davon ab, wie groß und wie hart die Äpfel sind. Gut aufpassen! Wenn du sie im Backofen vergißt, platzen sie, und du kriegst Apfelmus.
6. Die Äpfel ein bißchen abkühlen lassen. Mit Vanilleeis oder Vanillesoße servieren.

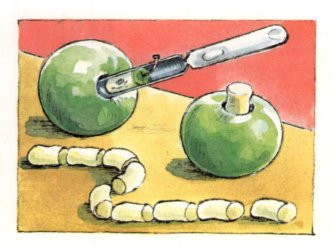

Hast du schon mal die russischen Großmama-Puppen aus Holz gesehen? In der großen Puppe versteckt sich eine kleinere und in der kleineren eine noch kleinere und so weiter.

Der folgende Nachtisch erinnert an diese russischen Puppen. Der Apfel wird mit Teig umhüllt und mit einer Pflaume gefüllt, in der eine Mandel steckt. In Österreich hat dieser Nachtisch einen lustigen Namen:

Äpfel im Schlafrock   6 Portionen

3 dl Weizenmehl
150 g kalte Butter
4 Eßlöffel kaltes Wasser
6 kleinere Äpfel
6 Backpflaumen
6 süße Mandeln
6 Gewürznelken
1 Ei

1. Das Mehl in eine große Schüssel schütten. Die Butter hinzufügen. Das Ganze mit den Fingerspitzen zu einer grob krümeligen Masse kneten.
2. Das Wasser hinzufügen und alles zu einem Teigkloß verarbeiten. 1 Stunde in den Kühlschrank!
3. Den Backofen auf 200 Grad einstellen.
4. Den Teig aus dem Kühlschrank nehmen, auf eine mit Mehl bestreute Fläche legen und zu einem Viereck von ca. 24 × 36 cm ausrollen.
5. Den Teig in kleinere Vierecke rädern oder schneiden. Es sollen 6 Quadrate mit ca. 12 cm Seitenlänge entstehen.
6. Das Kerngehäuse aus den Äpfeln entfernen. Eine Backpflaume, in die du vorher eine Mandel gesteckt hast, in jeden Apfel stecken.
7. Die Äpfel auf jeweils ein Teigviereck setzen, die Teigspitzen oben zusammendrücken und mit einer Gewürznelke zusammenstecken.
8. Die »Äpfel im Schlafrock« auf ein Blech setzen, das nicht eingefettet werden muß.
9. In einer Tasse das Ei mit einer Gabel schlagen. Die Äpfel rundum damit einpinseln.
10. Das Blech in die Mitte des Backofens schieben. Ca. 25 Minuten backen, oder bis die Äpfel weich sind. Stichprobe machen!
11. Die Äpfel ein bißchen abkühlen lassen. Mit Vanilleeis oder Vanillesoße servieren. Ganz besonders lecker!

Apfelsaft mit Pfiff

1 Liter Apfelmost
1 Liter Fliederbeerensaft
oder Zitronenlimonade
Eisstückchen
Gurkenscheiben, halbmondförmig geschnitten
Apfelmost und Saft mischen. Eisstückchen ins Glas, Gurken dazu, Saft aufgießen, Glas mit Gurkenhalbmonden verzieren

Renettchens Apfelspiele

Wenn Renettchen mit ihren Freunden den Tannenbaum plündert, gehören auch fröhliche Spiele zum Fest. Hier ist eine kleine Auswahl.

Schwimmende Äpfel

Eine große runde Wanne mit Wasser füllen. Für jeden Teilnehmer einen Apfel ins Wasser legen. Die Spieler müssen in einen Apfel beißen und ihn mit den Zähnen aus dem Wasser heben. Wer es geschafft hat, darf den Apfel zur Belohnung aufessen.

Und jetzt geht's los! Aber denkt daran, daß man nur den Mund, nicht die Hände benutzen darf. Das klingt vielleicht ganz einfach – ist es aber nicht! Der Apfel hüpft auf und nieder und entwischt jedesmal, wenn man denkt, man hat ihn.

Natürlich wird man auch naß dabei. Aber das ist das Lustige an diesem Spiel.

Äpfel an der Schnur

Zwei Äpfel am Stiel an einer Schnur festbinden und an einen Türrahmen hängen. Die Schnur muß so lang sein, daß die Äpfel in Gesichtshöhe eurer Freunde hängen.

Die Wettkämpfer müssen die Arme auf den Rükken legen. Es kommt nun darauf an, den Apfel mit dem Mund zu erwischen und aufzuessen. Gar nicht so leicht!

Wenn man eine breite Tür hat, können mehrere Kinder um die Wette essen. Und man kann die Äpfel auch an der Decke aufhängen.

Hochzeitsäpfel

In China ist es Brauch, daß ein Brautpaar im neuen Heim als erstes zusammen einen Apfel ißt. Man hängt ihn an der Decke auf, und dann müssen die Frischvermählten gleichzeitig hineinbeißen. Wenn es gut geht, weiß man, daß das Paar glücklich wird. Freunde können das auch probieren!

Der Apfel-Lauf

Alle Kinder knien sich hinter eine gedachte oder aufgebaute Linie. Vor jedem Kind liegt ein Apfel. Achtung, fertig los! Jetzt versuchen alle so schnell wie möglich, ihren Apfel mit der Nase zur Ziellinie zu schubsen.

Leckereien für Trolle und Engel

Im Fasching kommt Albin auf die Idee, die anderen Kinder zu einem weiteren Apfelfest einzuladen.
»Ihr kriegt Trollmus, und dann braten wir Äpfel im Kaminfeuer«, verspricht er.
Das klingt nach einem Festmahl. Doch Renettchen hat noch nie etwas von Trollmus gehört.
»Komm ein bißchen eher, dann kannst du zusehen, wie ich es mache«, sagte Albin. »Aber komme ja nicht ohne eine komische Kopfbedeckung!«

Trollmus   6 Portionen

3 Eiweiß
4 dl Apfelmus

1. Eiweiß und Apfelmus in einer großen runden Schüssel mischen.

2. Kräftig schlagen, möglichst mit einem Elektroquirl, so lange, bis das Mus heller und mehr in der Schüssel wird.
3. Das Mus in eine hübsche Glasschale füllen. Sofort mit Milch oder Schlagsahne servieren.

Getrocknete Äpfel

Getrocknete Apfelringe sind viel leckerer als Kartoffel-Chips. Du kannst sie leicht selbst herstellen. Sie schmecken noch besser, wenn du die Äpfel vorher schälst. Aber nötig ist es nicht.
Zuerst das Gehäuse herausstechen. Dann den Apfel in dünne Scheiben (Ringe) schneiden. Die Ringe auf einen Rost legen, der warm stehen muß. Man kann die Scheiben auch auf eine Schnur oder auf ein langes Stöckchen auffädeln.
Nach ungefähr einer Woche sind die Apfelringe trocken und zäh. Dann kannst du sie in einer Dose mit Deckel oder einer Plastiktüte verwahren. So halten sie sich lange.
Früher konservierte man Äpfel nur auf diese Weise. Im Winter bereitete man dann Suppe, Creme oder Pie aus den Apfelringen.

Apfelmus

8 Äpfel
½ dl Wasser
2 Eßlöffel Zucker

1. Die Äpfel schälen, in Scheiben schneiden und in eine Kasserolle mit dem Wasser geben.
2. Aufkochen und zugedeckt 15 Minuten kochen lassen.
3. Das Mus durch ein Sieb drücken, mit dem Zucker mischen. Abkühlen lassen.

Was Engel mögen   6 Portionen

Was essen Engel zu Mittag? Natürlich etwas Gutes! Und nichts, was lange kochen muß oder 57 Zutaten erfordert, denn dafür haben Engel keine Zeit. Etwas luftig Leichtes vielleicht? Bitte sehr:

3 dl Schlagsahne
3 dl Apfelmus
1 dl zerbröselte Zwiebäcke
12 Waffeln

1. Die Zwiebäcke fein zerstoßen oder in einem Mixer zerkleinern.
2. Die Sahne in einer großen runden Schüssel steif schlagen, mit Apfelmus und Zwiebackbröseln mischen.
3. Das »Engelessen« in eine hübsche Schale füllen und rundum Waffeln hineinstecken.

Kamin-Äpfel

Es ist gemütlich, am offenen Kaminfeuer Äpfel zu braten. Im Sommer kann man Äpfel auch auf der heruntergebrannten Glut eines Lagerfeuers braten.

1. Jeder Gast steckt einen Apfel auf einen langen Stock.
2. Das Feuer bis auf die Glut herunterbrennen lassen. Die Stöcke auf eine Stütze legen, so daß die Äpfel unmittelbar über der Glut liegen. Von Zeit zu Zeit drehen.
Wenn es keine Stütze gibt, mußt du den Stock eben selbst halten und ihn über der Glut drehen.
3. Es dauert 15 Minuten, dann ist der Apfel gar. Die Schale nicht mitessen. Die wird nämlich ziemlich schwarz. Das Apfelfleisch dagegen ist weich und sehr lecker.

Liebe, Schönheit und Macht

Die griechische Liebesgöttin Aphrodite wird oft mit einem Apfel in der Hand abgebildet. Der Apfel ist seit Urzeiten das Symbol von Liebe, Schönheit und Macht.

Paris und der Zankapfel

Einmal bekam Paris, der Sohn des Königspaares von Troja, die Aufgabe, allein zu entscheiden, welche der drei Göttinnen – Aphrodite, Hera oder Athena – den goldenen Apfel aus den Gärten der Hesperiden bekommen sollte.

Auf dem Apfel stand »Für die Schönste«.
Aber welche war nun die schönste Göttin? Alle waren sie schön! Die Wahl fiel Paris sehr schwer. Schließlich überreichte er Aphrodite den Apfel.
Sie gab Paris dafür die schönste Frau der Welt, die schöne Königin Helena von Sparta. Leider führte das zu einem langen Krieg zwischen Troja und Sparta.

Noch heute benutzen wir das Wort Zankapfel, wenn wir von der Ursache zu einem Streit oder einer Auseinandersetzung sprechen.

Der Apfel und das Jesuskind

Der Apfel hat lange einen wichtigen Platz in der religiösen Kunst eingenommen.

Viele, viele Künstler haben Maria und das Jesuskind gemalt oder gemeißelt oder geschnitzt. Diese Kunstwerke zeigen das Jesuskind oft mit einem Apfel in der Hand. Manchmal ist es auch Maria, die einen Apfel hält.

In beiden Fällen bedeutet der Apfel, daß Jesus König der Welt ist und die Menschen von ihren Sünden erlösen wird.

Der Reichsapfel, ein Zeichen der Macht

Der Apfel hat eine schöne runde Form. Deswegen wurde er schon frühzeitig ein Sinnbild des Schönen und Vollkommenen.

Ein römischer Kaiser, der vor mehr als 2000 Jahren lebte, benutzte als erster einen künstlichen Apfel, der die Welt darstellte – gekrönt mit der Siegesgöttin Nike –, als Sinnbild für seine gewaltige Macht.

Christliche Herrscher tauschten Nike gegen das Kreuz aus, behielten aber den Apfel als Machtsymbol bei. So ein Apfel wird Reichsapfel genannt.

Der Reichsapfel gehörte mit Krone, Schwert und Zepter zu den Reichskleinodien aller alten Königreiche. Das sind kostbare, juwelengeschmückte Gegenstände, die der König früher bei festlichen Anlässen trug, zum Beispiel, wenn der Reichstag eröffnet wurde.

In vielen Museen der Welt kann man diese Symbole von Macht und Reichtum, die auch Reichsinsignien genannt werden, noch besichtigen.

In den Reichsapfel von Erik XIV., der 1561 hergestellt wurde, ist der Erdball graviert. Er ist mit den anderen schwedischen Reichsinsignien in der Schatzkammer des Stockholmer Schlosses ausgestellt.

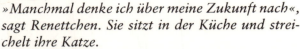

Zauberäpfel –

*für Leute,
die an
so was
glauben*

»Manchmal denke ich über meine Zukunft nach«, sagt Renettchen. Sie sitzt in der Küche und streichelt ihre Katze.
»Was möchtest du denn von der Zukunft wissen?« fragt Jonathan.
»Na, was ich werde, wie es mir gehen wird, wen ich heirate, und ob ich überhaupt heirate.«
»Wenn man in die Zukunft schauen möchte, hilft einem ein Apfel«, sagt Jonathan und zwinkert mit den Augen.

Wen werde ich heiraten?

Als erstes verriet Jonathan Renettchen einen mehrere hundert Jahre alten Trick. Man schält einen Apfel rundherum, rundherum, so daß die Schale an einem Stück bleibt. Diese Spirale wirft man über seinen Kopf hinter sich. Wenn man sich dann umdreht, kann man in den Schalenschlingen die Anfangsbuchstaben seines zukünftigen Mannes lesen. Oder seiner zukünftigen Frau.

Spiegel-Zauber

Du kannst es auch so machen wie die Leute in Schottland. Warte bis zum Abend des 31. Oktober. Geh allein in ein Zimmer, in dem ein Spiegel hängt. Iß vor dem Spiegel langsam einen Apfel. Mit der Zeit wird das Gesicht deines zukünftigen Mannes im Spiegel sichtbar. Es könnte allerdings sein, daß man Äpfel aus Schottland essen muß, damit der Zauber funktioniert.

Wieviele Kinder?

Um herauszubekommen, wieviele Kinder du kriegst, leg dir die Kerne eines Apfels in die Hand. Schlag dir dann mit der Handfläche gegen die Stirn. Dann zähl nach, wie viele Kerne dort klebengeblieben sind. So viele Kinder wirst du bekommen. Das ist eine alte amerikanische Methode.

Apfel-Magie

Äpfel und Apfelbäume haben magische Kräfte. Das weiß man schon lange und in vielen Ländern!

Vor langer Zeit pflegte jede Braut in Montenegro in Jugoslawien in dem Haus, in dem sie mit ihrem Mann wohnen würde, einen Apfel gegen die Decke zu werfen. Wenn es ihr gelang, die Decke zu treffen, waren alle sehr froh, denn dann wußte man, daß sie Kinder bekommen würde.

Manchmal kann es lange dauern, ehe eine Frau ein Kind bekommt. Wenn es zu lange dauerte, pflegten sich früher in manchen Gegenden die Frauen unter einem Apfelbaum hin- und herzurollen.

Andernorts glaubte man, daß es half, wenn man sich in Wasser wusch, das mit dem Baumsaft eines Apfelbaumes gemischt war.

Zauberbäume

Äpfel und Apfelbäume wurden auch bei Zahnschmerzen und anderen Krankheiten zu Hilfe genommen. Da sagte man zum Beispiel einen Reim auf und schlug in einen besonderen Apfelbaum einen Nagel. Man glaubte, daß dann das Böse aus dem Menschen in den Baum überwechselte. Diese besonderen Apfelbäume (es konnten auch andere Baumarten sein) wurden als Zauberbäume angesehen, und niemand wagte es, so einen Baum abzuhauen. Wer es dennoch tat, dem erging es schlecht.

Gut gegen Warzen

Hast du Warzen? Hier ist ein alter Trick. Schneide einen sauren Holzapfel in der Mitte durch. Reib die Warzen mit den beiden Apfelhälften ein. Leg die Apfelhälften wieder gegeneinander, binde sie mit einer Schnur zusammen und häng den Apfel auf den Speicher. Wenn er geschrumpelt ist, sind deine Warzen verschwunden.

Mit Äpfeln freien

Warst du schon mal in jemanden verliebt, der nicht genauso verliebt in dich war? Nächstesmal kannst du diesen alten Trick ausprobieren: Leg einen Apfel in deine linke Armhöhle. Dort läßt du ihn, bis er richtig von Schweiß durchtränkt ist. Dann nimmst du den Apfel drei Sonntage hintereinander mit in die Kirche und gibst ihn schließlich dem, der dich lieben soll.

Wenn du alles richtig gemacht hast, wird sich der Empfänger zweifellos sehr in dich verlieben.

Liebe fängt mit Werfen an

»Liebe fängt mit Werfen an!« Das ruft man, um einander zu ärgern, sobald ein Mädchen einem Jungen etwas nachwirft oder umgekehrt.

In Griechenland pflegte der Junge in früheren Zeiten seiner Auserwählten einen Apfel zuzuwerfen, wenn er ihr sagen sollte, daß er sie liebte und sie heiraten wollte.

45

Apfelrekorde

Äpfel auf Briefmarken

Hast du schon mal eine Briefmarke gesehen, auf der Äpfel waren? In Neuseeland gibt es eine, sie erschien 1983.

In Neuseeland gibt es nämlich viele große Apfelanpflanzungen. Im Frühling und im Sommer, wenn es in Nordeuropa keine frischen Äpfel gibt, importiert man unter anderem den grünen Apfel Granny Smith aus Neuseeland. Dort sind die Jahreszeiten genau entgegengesetzt zu unseren, wenn dort der Herbst beginnt, haben wir Frühling.

Leibspeise: Äpfel

Äpfel sind gut für die Gesundheit. Das gilt auch für Elefanten. Gobi und die Kleine My, Elefanten im Tierpark in Stockholm, beginnen den Tag mit Äpfeln und Heu zum Frühstück.

Jeden Tag essen sie dreißig Äpfel – und es muß die beste Qualität sein –, dazu zehn Kilo Mohrrüben, fünfundzwanzig Kilo Heu und zwei Weidenzweige. Das ist die Grundnahrung der Elefanten.

Die längste Schale

Wie lange Apfelschalen kannst du schälen? Ein amerikanisches Mädchen hat 1972 eine Apfelschale von zweiundfünfzig Metern geschält. Dafür hat sie fast zwölf Stunden gebraucht. Der Apfel war natürlich ungewöhnlich groß.

Äpfel als Preis

Die erste Olympiade, die schriftlich überliefert ist, fand 776 vor Chr. in Griechenland statt. Der Sieger bekam einen Apfel als Preis.

Der größte Apfel der Welt

Der größte Apfel der Welt heißt *Peasgood's Nonesuch*. Frau Peasgood aus Stamford in England züchtete 1858 diesen Apfel aus einem Apfelkern. *Nonesuch* bedeutet »fehlerlos«.

Und Frau Peasgoods sehr großer und sehr hübscher Apfel blieb ohnegleichen! Ein einziger Apfel kann 1,2 Kilo wiegen. Das ist genausoviel wie zehn normal große Äpfel zusammen wiegen.

Ein anderer großer Apfel heißt *Queen*. Er ist genauso alt wie Peasgood's Nonesuch und kommt auch aus England. *Queen* bedeutet Königin. Ein Königinnenapfel kann bis zu 500 Gramm wiegen.

Der kleinste Apfel der Welt

Der kleinste Apfel der Welt wächst an einem Baum, der Japanischer Ebereschenapfel genannt wird. Seine kleinen Äpfel an langen Stielen sind nicht viel größer als Vogelbeeren.

Big Apple

Die Stadt New York in den USA wird oft Big Apple – der »Große Apfel« – genannt. Das begann Anfang der dreißiger Jahre in Jazz-Kreisen. New York war damals die Hauptstadt des Jazz.

Der Apfel ist auch Symbol für Macht und Können. Kein Wunder also, daß New York sich heutzutage selbst Big Apple nennt.

Einen Apfel polieren

Viele Äpfel haben eine dünne Wachsschicht auf der Schale. Wenn man sie fest mit einem Tuch abreibt, glänzen sie. Wenn man sich früher bei seiner Lehrerin beliebt machen wollte, pflegte man ihr einen hübschen, blank polierten Apfel zu schenken.

1.Auflage 1987
Alle deutschen Rechte bei Carlsen Verlag GmbH, Reinbek 1987
Originaltextcopyright © by Görel Kristina Näslund 1986
Originalillustrationscopyright © by Gunilla Hansson 1986
Originalverlag: Bonniers Junior Förlag AB, Stockholm
Originaltitel: POMONAS ÄPPELBOK
Einband- und Innenlayout von Gunilla Hansson
Lektorat: Ursula Heckel
05088734 · ISBN 3-551-20908-1
Printed in Portugal